AF496037

DE LA
COMPASSISANCE.

Plus qu'on ne croit, il y a de la force dans la vertu, il y a de l'empire dans l'équité, il y a de l'intérêt dans le devoir. (*De l'Œuvre sociale et de l'Outil représentatif.*)

Entre le pays jaloux d'être gouverné, et le pouvoir avide de gouverner, la faute, le crime sont toujours au dernier. (*Du Système d'impôts attentatoire au principe représentatif.*)

C'est du vieux, sans doute : mais de date seulement.

C'est du neuf encore ; quant au sens, quant à l'entente.

Toujours, le vrai est vieux de diction ; et le plus souvent, est neuf d'audition, d'adoption.

Il est vieux, comme ayant été dit et redit : il est neuf, comme n'ayant pas été entendu.

Attendu que pour le proclamer, il se rencontre à point, quelque homme, qui n'a pas de passion hostile au vrai, ou même qui se fait du vrai, une passion fervente.

Attendu que pour le répudier, il se rencontre à l'instant, maintes et maintes gens, dont l'égoïsme l'écarte, s'en sauve, inquiet qu'il ne leur barre le chemin.

Par malheur, l'un n'est habile qu'à l'admettre en théorie; les autres seraient seuls aptes à le mettre en pratique.

Le vrai est neuf encore : il sera neuf long-temps, à jamais peut-être.

Le faux a mille voies : le vrai n'a qu'un sentier.

Même, en supposant le silence des instincts, qui tentent d'un bord et répugnent de l'autre, les chances sont de mille contre un.

De plus, l'ordre social, par une fatalité préétablie, ne se fonde, ne repose que sur des fictions.

Inévitablement, le droit est ici, et le pouvoir est là : l'un, résidant au sein de tous ; l'autre, exercé par les mains de quelques-uns.

Le droit ne peut ; le pouvoir ne veut.

Or, le pouvoir, honteux et craintif ce semble, commence par tromper les autres et finit par se tromper lui-même, à l'égard de sa sorte fictive.

De là, tant d'actes d'apparat, tant de paroles d'éclat, à seule fin d'éblouir, d'étourdir les esprits.

D'autant, le pouvoir est surgi de la veille et à la vue, des sources du droit ; d'autant, il a hâte de s'enlever au plus haut, de s'envelopper du voile des nues.

La fiction royaliste, forte de mémoire et de routine, sinon même de prestige, avait, sans honte et sans crainte, à s'humaniser, à se populariser.

Il a fallu que l'intention personnelle fût divertie, trahie par des influences coupables.

La fiction représentative, évoquée de l'urne, révocable par le sort, étant sous la fatale loi de ménager et caresser les colléges, a plus d'embarras à compâtir, à sympathiser.

Il faudrait que le sentiment du devoir présent, renforcé par le pressentiment du péril certain, vînt l'investir d'une force presque surnaturelle.

A défaut, les députés seront réélus de nouveau, seront promus à des places, et règneront, régiront l'état. Mais jusqu'à quand?

Le retour des émeutes, le progrès des idées, l'absence de respect, le manque de foi; s'ils ne désignent pas le terme, du moins marquent la fin.

Cependant, plus la fiction représentative est forte; plus elle aurait à se justifier par ses faits.

Une oligarchie aussi tranchée, aussi étriquée, admise à un certain point par la haute raison, ne peut tenir, en butte à la répugnance des instincts, à la récalcitrance des passions: sauf qu'elle ne se donne l'aide de l'assentiment tacite.

Attacher les cœurs par la libéralité; apaiser les esprits par la loyauté: telle est la tâche de salut.

Et dans l'expression des sentimens moraux, dans l'exécution des actes moraux, il y a quelque chose de contagieux, qui pénètre de proche en proche, qui gagne des chefs de l'état, aux gens du pays.

Le pouvoir humain fait un peuple humain. La

compâtissance se propage, et rallie les hommes, et rend la société un paradis, au lieu d'un enfer.

Certes, c'est là du neuf pour l'entente; bien que du vieux pour la date.

Même, c'est du vieux de cinq ans et non de deux ans : dit sous la fiction royaliste; et redit sous la fiction représentative : pareil au fond, divers dans la forme (1).

Entre les hommes, il n'y a rien de commun, si ce n'est l'ame.

Le corps avec ses appétits, et le cœur avec ses

---

(1) « Qu'on soit chrétien : tout gît dans ce seul mot.

« Le chrétien s'élevant au-dessus de la portée du libéral, voit une ame en chaque homme, une ame pareille à la sienne.

« Le chrétien frappé des travers de son jugement, pénétré du sentiment de ses fautes, et se rappelant la puissance des tentations, voit en chaque homme, un être faillible d'esprit, plus encore que coupable de cœur;

« Qu'on soit chrétien, afin de se mettre au niveau de ses semblables, afin de juger des autres d'après soi-même, afin d'aimer dans les hommes, son prochain, afin de faire pour eux, comme on voudrait qu'ils fissent pour soi;

« Qu'on soit chrétien : comme on peut être chrétien, puisque la foi sans les œuvres ne sert; c'est-à-dire qu'on soit libéral et philanthrope, ces mots étant pris dans le sens qui leur était donné avant la révolution.

« En réhabilitant en sa due place la libéralité pratique,

passions, et l'esprit avec ses systèmes, sont de même en permanente hostilité.

Attendu que les appétits grossiers, les appétits raffinés ou les passions, à peine repus et reposés, se ranimant de nouveau, n'ont point à être satisfaits ensemble sur la pâture assignée;

Attendu que les systèmes ou les rêves du cerveau, déja incompatibles entre eux et même impraticables l'un à part de l'autre, n'ont qu'à se reprocher mutuellement leurs revers, qu'à accuser de leur impuissance propre, la résistance étrangère.

Plus de mots seraient vains.

Le corps ou la matière, l'esprit ou l'intelligence, enfin le cœur ou la matière et l'intelligence réunies, pour gagner leur vie, se font une guerre à mort.

On ne peut faire un pas sans écraser quelque homme.

Eh bien! entre les rouages discordans et récalcitrans, de plus en plus multipliés et compliqués de l'immense machine sociale, il n'y a pour émousser les frottemens, pour raccorder les mouvemens, rien que l'ame.

---

c'est le seul moyen d'étouffer, d'ensevelir le libéralisme dogmatique; lequel ravissant son noble drapeau, parvient à recruter une immense part de cette masse innocente d'esprit comme de cœur, et à l'entraîner aux attaques contre le trône qui protége ses intérêts, contre la paix publique, d'où dérivent ses ressources. » (*Mémoire aux Ministres: 1829.*)

Qu'on réussisse à établir la plus douce utopie, ou qu'on soit tenu de subir la plus rude tyrannie, à peine ces régimes constrastans diffèrent dans la réalité du bien ; et seulement ils se distinguent d'après le degré plus ou moins haut de l'entremise de l'ame.

Les formes politiques, surtout dans l'âge avancé des sociétés, n'affectent qu'une certaine classe, faible en nombre ; et sous peine de se résoudre en anarchie, sont limitées à fonder sous d'autres conditions, la loi hiérarchique :

Au lieu que les rapports civils, de même en raison des progrès de la sociabilité, intéressent profondément la masse entière de la population et influent fortement, quelle que soit la hiérarchie existante, sur la satisfaction du besoin physique, puis du besoin moral, autrement sur l'accomplissement des destinées humaines.

C'est l'intervention de l'ame qui adoucit les relations et rapproche les situations, qui voile la ligne de démarcation.

Le caractère de l'intervention ne peut être rendu que par un mot nouveau.

Bienfaisance est hautain ; bienveillance est vain : charité, tient à l'ordre religieux. Dans l'ordre naturel, il n'y a que *compatissance.*

« Le mot de compassion, disait Buffon, exprime assez que c'est une souffrance, une passion qu'on partage. »

La compatissance a pour mission, de souffrir, de pâtir, avec qui souffre, qui pâtit.

La compatissance n'est autre que la vie de l'ame.

L'ame est commune à tous les hommes, est, pour ainsi dire, indivise entre l'un et l'autre, parmi les uns et les autres.

L'ame est comme une substance éthérée, dont les émanations, répandues, dispersées, ne constituent pourtant qu'un être unique, identique.

Si l'ame pâtit ici ou là, l'ame compâtit partout; sauf toutefois qu'elle ne soit éteinte.

De là, l'instinct du semblable, si frappant en certaines occurrences, si puissant en dépit des passions.

De là, l'attrait de parent, de voisin et d'hôte, ou encore d'égal en position, jadis remarquable au sein des peuplades naissantes à la vie, et maintenant au milieu du peuple arriéré de lumières.

De là, le sentiment du prochain, enfant de la nature, élève de la religion, qui dans sa juste entente, est seul doué de créer enfin la famille humaine.

Hélas! qu'on en est loin!

Dès long-temps, plus de voisin ni d'hôte: la perfidie, la défiance, l'envie, ont élevé des barrières de fer.

Déja, à peu près plus de parent: des chances diverses de fortune, ont creusé un abîme sans fond.

Et bientôt pas plus d'enfant: l'audace juvénile et la caduque indolence ont subverti les lois de la nature.

Mais surtout, plus de semblable, plus de prochain, plus de frère, dans la censée famille humaine,

Tout y a connivé.

Autour du pivot d'airain de la personnalité, sont attachés, ce semble, les fils de soie de la sensibilité, de l'humanité, de la charité.

Encore, tant que le dur pivot tourne en un sens régulier et d'un mouvement égal, les fils légers, fragiles, n'ont point à être brisés et même tendent à se réunir, à se renforcer.

Qui donc manque d'avoir présentes à la mémoire, la naissance et la croissance des vues philanthropiques, pendant le dix-huitième siècle?

Mais que la machine sociale soit frappée d'une impulsion violente et jetée de secousse en secousse, comme le pivot d'airain est ébranlé, les fils de soie se déchirent.

Car, dans l'ordre des affections de l'ame, sauf qu'elle n'ait quitté la terre et n'habite le ciel, le *soi* passe devant l'*autrui*.

Aussi, qui peut se refuser, depuis un demi-siècle, à sentir la vérité de ces paroles?

« Réforme, tarif de blé, incendie et émeute, ne sont que les cris échappés des bouches de l'hydre à mille têtes de la détresse. (*Courier Anglais.*)

« C'est un mouvement tumultueux, ce sont de formidables clameurs : il leur faut manger ; il n'y a pas assez : les riches les affament. » (*Globe.*)

« Un vide immense est creusé parmi les hommes : toute sympathie s'éteint entre ceux qui ont du bien, et ceux qui n'ont que des bras. » (*Times*.)

Sympathie : voilà le mot.

La sympathie agit, à la façon de cette rosée du ciel qui vient rafraîchir la terre, au déclin d'un jour brûlant ; et que les premiers rayons du soleil aspirent, restituent à l'atmosphère généreuse.

Ne s'épand-elle plus d'en haut, elle ne remonte plus d'en bas.

Ainsi s'avance l'heure, où (suivant le *Globe*) il ne sera plus possible aux riches, de maintenir leur société, au milieu de cette autre société qui ne s'agite que pour vivre.

Qui entend cela ? qui entend rien ?

Chez tous, c'est de même. Regrettans, jouissans, aspirans, s'entrevalent bien.

Le droit déja recouvert par la rouille des siècles, enfin étouffé sous les débris successifs du fait, ne marque ni règles, ni limites.

La société humaine cesse d'être : les vaincus n'ayant qu'à maudire ; les vainqueurs n'ayant qu'à se repaître.

L'homme reste seul au milieu des hommes. L'homme se concentre en lui-même, confond ensemble tous les hommes.

Là, s'endurcissant aux douleurs étrangères par ses propres douleurs, et se vengeant sur les uns, en retour de ce qu'il souffrit des autres ;

Ici, s'enivrant de sa fortune inouïe ; et chassant

les souvenirs, brisant les liaisons, renvoyant des mépris autant qu'il en supporta.

Partout, absorbé par l'intérêt personnel, et se bâtissant des principes en conséquence, et se prétendant seul en titre, seul de bonne foi :

Partout, impuissant à concevoir l'honnêteté, l'humanité ; ou les traitant avec dédain, les taxant de folie, de sottise.

Au lieu de la société, c'est un bois, où la ruse trame des guets-à-pens, où la force s'affiche à découvert : l'une et l'autre prenant orgueil des succès, et n'éprouvant honte que des revers.

Or ce n'est pas d'hier, que date cette ère de platitude, de turpitude.

Déja avant 1789, les existences éminentes ne se respectant point, n'étaient point respectées ; ne ressentant plus la sympathie, ne la rencontraient plus.

Et sitôt que la tentation leur vint d'abaisser les marches du trône, pour le mettre à leur portée ; l'irruption trop juste de l'exemple se saisit d'elles, les fit passer sous les fourches Caudines de l'égalité.

Ensuite depuis 1814, les mêmes existences ressuscitant d'une mort apparente, revêtant le caractère des parvenus, se montrent à la fois hautaines et défiantes, avides et insensibles.

Et sitôt que l'occasion est jetée au-devant de la classe moyenne, humiliée, irritée, des classes inférieures, délaissées, méprisées ; leur coalition les repousse en arrière de quinze années.

Allez donc, tous tant que vous êtes. Et ne vous plaignez plus : repentez-vous plutôt; surtout n'espérez pas.

Vous avez seulement à rendre grace, à crier merci à la divine Providence.

Indulgente à l'excès, clémente outre mesure, à peine êtes-vous punis ; et certes vous n'expiez pas.

Même l'expiation était impossible à subir ; tant au sein de l'homme, la capacité de souffrance est inférieure à l'intensité du délit.

Trois fois le trône à bas : trois fois le pays aux risques : et la religion en souffrance, l'autorité en décadence : telle fut l'œuvre.

Sauf à revirer du mal au bien, telle serait l'œuvre encore.

Inutile exemple! illusoire leçon!

Tel parti se perd, s'abîme; tel autre apparaît en son lieu.

Et, lancé au faîte par l'ennemi même, il s'imagine l'en avoir chassé.

Et il s'installe, il s'inaugure comme bullé d'en haut.

Les voilà donc qui feignent d'abord, qui imaginent bientôt avoir le droit, être en droit.

Courtisans et ministres, députés, journalistes, écrivains, tous d'une venue, se disent, ce semble: *L'État, c'est nous.*

En même temps qu'ils s'identifient avec l'État ; ils idéalisent l'État.

Et l'État étant élevé au rang des êtres fantastiques, ils l'habillent d'honneur et de gloire ; ils l'engraissent de lumières, de progrès.

Ne songeant pas qu'un être quelconque a des membres, et que ces membres ont la vie, et que la vie a ses lois.

Ne se doutant pas qu'il en coûte fort aux membres de l'État, en acquit de l'honneur et de la gloire, et qu'il ne leur revient presque rien, par suite des lumières, des progrès.

De là, après tant de révolutions qui toujours promettent, qui jamais ne tiennent, le désespoir tournant en accès de rage, on voit s'ouvrir l'ère de subversion, d'extermination.

Ère formidable, où le passé est mis à néant, où l'avenir surgit du chaos, où les existences suspendues dans le vide, se heurtent, se froissent, se brisent.

Il semble d'une immense hécatombe de vies et de fortunes, que commande la vindicte céleste.

Ceux qui avaient, ceux qui étaient, sont perdus corps et biens ; sans que nul recueille l'héritage.

Il y a du mal pour tous ; le tort est à quelques-uns.

Tels et tels ont oublié qu'ils n'étaient pas seuls sur la terre, pas seuls de leur espèce, pas seuls à titre égal.

Ils ont péché ; ils sont frappés.

Et c'est juste : non pas suivant les règles étroites d'ici-bas, mais suivant les larges vues d'en haut.

C'est juste..... de la justice de Dieu.

Et c'est obligé ; non d'après les calculs de la raison et les leçons de l'expérience.

C'est obligé..... de par la force des choses.

Discours de M. de Lamartine, 8 mai.

Et cependant, Messieurs, ne l'oublions pas, les révolutions, fatales nécessités, inévitables intermittences de la vie des nations, ne se font jamais en vain. Toute révolution doit quelque chose au peuple, et ne se légitime que par ses œuvres. La révolution de juillet n'oublie-t-elle pas ce tribut qu'elle doit à son tour à la France et à l'humanité? Téméraire et forte au jour du combat, timide et petite après la victoire, elle ne prend sur aucune question vitale l'initiative de l'époque et du génie! De sinistres catastrophes l'avertissent, elle réprime avec énergie, mais elle ne rectifie rien, et elle laisse s'accumuler dans l'état social ces flots de vices, de corruption et d'agression croissante dont un à la fin pourrait l'engloutir et la société avec elle! La passion courageuse du bien lui manque, tâchons de l'allumer dans le pays; les idées ne sont rien si elles ne sont allumées au feu d'un sentiment qui les vivifie et les propage. Les anciens ont eu pour passion l'amour de la patrie; le christianisme a eu le zèle qui l'a rendu et le rendra encore si puissant sur l'éducation des masses, en lui laissant la liberté tout entière que nous lui devons; le moyen-âge a eu le fanatisme; la révolution française a eu la passion du nivellement; hommes d'une autre époque, ayons la nôtre, la passion du bien, la passion du bonheur des masses, et qu'elle nous donne l'intelligence pour concevoir les grandes choses, et le courage pour les exécuter.

A. PIHAN DE LA FOREST, IMPRIMEUR,
Rue des Noyers, n° 37.

DE LA

BRUTALITÉ.

FAISANT SUITE A L'ÉCRIT : *DE LA COMPATISSANCE.*

Dans l'état des choses, le pouvoir n'a que le choix, ou d'être paternel, ou d'être mitrailleur. (*De l'Œuvre sociale, et de l'Outil représentatif.*)

Vienne un chef quelconque : les cœurs sont à lui, les bras sont à lui, s'il ne choque ceux-là, s'il ne gêne ceux-ci. (*Du Système d'impôts attentatoire au principe représentatif.*)

C'est encore du vieux, toujours pour la date : c'est encore du neuf, à jamais peut-être pour l'entente.

Ici, le vrai est vieux de diction, non plus de quelques années, mais d'un demi-siècle, d'un siècle.

Et de même, il est neuf d'audition.

Ce sont les serviteurs affidés de la royauté, les auxiliaires dévoués de l'aristocratie, qui parlent.

Ils parlent aux promoteurs d'insurrection, aux fauteurs de révolution, aux souteneurs de constitution (1).

(1) Eh bien! sans le vouloir, ce parti, qui était attaché

Seront-ils ou ne seront-ils pas entendus?

Ce qu'ils disaient forts d'intention ; ils le faisaient forts d'action.

La puissance seule était requise, pour traduire en actes, les dictées de la conscience.

A cette heure, la puissance ne manque pas : est-ce donc que la conscience manque?

C'est à voir, si la révolution a pénétré à l'ame ; ou seulement s'agite dans les têtes, sur les langues.

C'est à voir, si elle n'est que lâche mensonge en paroles, et vain songe en espérances.

à la légitimité et à la restauration, mais qui a soutenu l'adresse des 221 et la réélection de tous les députés qui l'avaient votée; sans le vouloir, ce parti a fait la révolution. Il ne voulait qu'un changement de ministère et il a changé l'état de la France.

Le changement, en effet, est résulté de ce que la couronne s'est trouvée placée vis-à-vis de la nation, et par l'adresse et par la réélection des 221, dans cette position, qu'elle devait céder complètement ou essayer un coup d'état.

Pour qui connaissait le caractère religieux du prince et l'obstination qui caractérise toujours un certain fanatisme, pour quiconque connaissait le caractère religieux de son premier ministre, il y avait évidence qu'il y avait un coup d'état, et pour qui connaissait la nation, il y avait évidence qu'un coup d'état fait, il y aurait une révolution.

Qu'ont fait les hommes dont je veux parler? Ils n'ont su connaître ni le caractère du prince, ni le mouvement qui emportait la nation, et ils ont fait la révolution sans le vouloir, sans le savoir. (*Discours de M. Mauguin*, 18 mars 1834.)

C'est à voir, si en ce qu'elle a de bon, elle est tout-à-fait idéale ; alors qu'en ce qu'elle a de mal, elle est tant et tant réelle.

C'est à voir, si la révolution va tourner en une rénovation progressive, ou en une subversion radicale : car en politique, au crime la peine.

Et quel crime nouveau, quel crime inouï, s'il en venait à ce point extrême, de braver, d'affronter, la leçon venant de si haut, de si loin :

MONTESQUIEU, gentilhomme et président au parlement, dévoué aux intérêts de la monarchie, imbu des principes de l'aristocratie.

NECKER, d'abord commis, puis banquier, enfin ministre, s'étant élevé par ses talens, ayant acquis une immense fortune.

Celui-là qui représente l'ancien régime, comme celui-ci représente le régime nouveau.

De plus, SMITH, contrôleur en chef des douanes d'Ecosse, créateur de la science économique, sous le rapport de la richesse des nations.

SISMONDI, auteur d'excellens ouvrages historiques, créateur de la science économique, sous le rapport du bien-être des peuples.

L'un qui ne considère l'homme qu'en vue de la société; comme l'autre ne considère la société qu'en vue de l'homme.

Enfin MALLET, premier commis des finances sous le fameux Desmarets.

BEAUMONT, conseiller-d'état, président du contentieux, sous Louis XV et Louis XVI.

Voilà qui parle, qui parle de même, partant des points les plus distans : preuve insigne, marque éclatante que la force de la vérité, dominait la pensée, et soufflait le langage.

Encore, qu'on n'écoute pas le devoir, le sentiment : mieux ou plus que cela est à entendre, l'intérêt, le salut.

En vain on pèse les chiffres, on les fait suer : on en exprime le résidu : que sert-il ?

Rien que les chiffres du scrutin sont soumis à l'épreuve : chiffres adonnés à ce qui est, tant que cela est ; chiffres faisant somme aujourd'hui, et faisant zéro demain. (*La Chambre à venir*, par M. Imbert.)

Dans les crises, ces bulletins de collége, ces feuilles volantes, n'ont pas d'effet ; sauf à ce qu'il en soit fait des bourres pour le fusil.

Au coup de feu, au bruit du pétard, plutôt que de lutter contre la force brute, l'élite a hâte de se perdre dans la foule.

En politique, comme en mécanique, le poids ou la masse, et le mouvement sont seuls à considérer.

Or, quant à la masse ou aux masses, tout l'Est, depuis la Provence jusqu'à la Flandre est républicain.

Quant au mouvement, haine et mépris, envie et ambition, rendent républicain, tout ce qu'il y a de jeune, ou d'âge, ou de cœur, ou de tête.

On se croit sauvé : on est perdu par cela même :

la jouissance en plein repos, ne manque pas de passer à l'abus, aux excès.

On s'imagine effrayer; on n'obtient que d'irriter.

On parvient plutôt à s'effrayer soi-même : témoin le licenciement de la garde nationale, propagé de ville en ville.

Eh! c'est la loi qui fait la république.

La loi traite les gens en façon de bêtes brutes : et les gens poussent à l'état de bêtes féroces.

Est-ce donc qu'il se peut autrement : alors qu'un flot de lumières inonde le sol, et que l'exemple enivre, et que les mécomptes enflamment.

Qu'on y songe à temps : en fait de révolutions, le monopole ne tient qu'un jour : si âpre et si acerbe qu'il soit, de chute en chute, de ruines en ruines, arrive la concurrence illimitée.

Les mêmes épaules ont la force, ont la charge : soudain la force se débarrasse de la charge.

En bonne conscience, rien de plus juste : en bonne raison, rien de plus certain.

Plaît-il de jeter un regard sur cette ébauche de la charge fiscale?

Les tarifs fixes, qui frappent du millième au dixième, sur le riche et le pauvre;

Les droits fixes sur les boissons, qui pèsent dans le rapport de un à dix, suivant l'infériorité des prix;

Le port des lettres qui emporte çà et là, la valeur d'une journée, ou d'une minute du revenu;

Les portes et fenêtres, qui laissent ici toute liberté, qui condamnent ailleurs à se priver et d'air et de jour ;

L'impôt mobilier, qui tantôt réduit seulement, et tantôt compromet le prix du loyer ;

L'impôt personnel, qui s'acquitte tour-à-tour avec les reliefs, avec le principal du repas ;

L'impôt foncier, qui prive d'une vaine dépense, ou dîme sur le fonds des nécessités;

Enfin la taxe du sel, qui est légère à l'opulence et lourde pour l'indigence : qui est d'autant plus intense à raison du régime grossier.

Autant qu'il paraît, ce tableau glace d'effroi, morfond d'épouvante : tel est le mal, qu'il n'y a cœur assez hardi pour l'envisager, esprit assez habile pour y remédier.

La fatalité sert d'égide à la brutalité.

On manque d'entendre que le mal ne s'est pas fait, que le bien ne se fait pas, en un jour.

Là, est le fruit des siècles : ici, le fruit des années.

Seulement, pour atteindre la fin, la route est à ouvrir : pour abolir la rude chaîne, le plus lourd anneau est à limer, à couper.

Or, point de débat, point de doute sur le chef-d'œuvre, le miracle de la brutalité fiscale.

Qui paie d'autant qu'il a moins de moyen, d'autant qu'il a plus de besoin, est certes le martyr de tête.

Et rien n'est plus facile que de mettre terme à

ces tortures : rien ne sera plus sensible au cœur, plus utile à l'Etat.

Un mot suffit.

« La taxe du sel est réduite à cinq francs le « quintal, à partir du 1er janvier 1835. » (*Du Système d'impôt attentatoire au principe représentatif*).

Un coup d'œil va montrer à combien de titres, sous combien de rapports, cette mesure préalable est commandée par les plus hautes autorités.

RESPECT DU NÉCESSAIRE.

MONTESQUIEU. Avant toutes les lois, sont celles de la nature, qui dérivent de la constitution de notre être....

On jugea que *chacun avait un nécessaire physique égal*, qui ne devait point être taxé....

Les richesses particulières ayant ôté à une partie des citoyens, le nécessaire physique, il faut qu'il leur soit rendu.....

L'État doit à tous les citoyens, une subsistance assurée, un vêtement convenable.

NECKER. Le poids des tributs dépend *de la portion imposée sur la classe la moins fortunée*....

Distributeur des impôts, l'État a des moyens pour adoucir le sort du peuple....

La pitié réfléchie fait connaître les effets inévitables, et du poids des impôts et de l'exercice rigoureux des droits de propriété.....

La main bienfaisante du roi doit sans cesse s'étendre, afin de tempérer *le joug impérieux de la propriété et de la richesse....*

SMITH. Il est infiniment difficile aux pauvres, de se procurer la subsistance....

Les taxes sur les salaires, ou sur les nécessités, ou sous forme de capitation, opèrent en la même façon.

On en fait fréquemment usage dans les contrées *où le bien-être des classes inférieures n'inspire aucune considération....*

Ceux qui considèrent le sang du peuple d'aucun prix, peuvent peut-être approuver les taxes sur les nécessités.

SISMONDI. Malheur au gouvernement qui touche à la partie du produit brut, consommée par l'entretien des hommes....

Les travailleurs doivent la consommer en se maintenant, *eux qui sont le capital vivant de la nation....*

La puissance reproductive, c'est la vie : si la vie s'use ou se perd, il s'anéantit un capital nécessaire pour mettre en valeur le capital circulant....

La subsistance est mesurée si juste, que l'impôt ne peut en rien retrancher sans la compromettre.

MALLET. C'est un grand malheur pour l'Etat, lorsque les travailleurs n'ont pas le moyen de se nourrir eux et leurs enfans.

Il semble *qu'on ait voulu rendre la terre inculte*, en fatiguant les laboureurs, par divers impôts.

BEAUMONT. Suivant notre plan, la classe la plus pauvre sera soulagée : c'est une justice....

Toutes nos lois ordonnent que le fort supportera le faible, et que l'un paiera pour l'autre.

SUBSIDE PROGRESSIF.

MONTESQUIEU. Dans l'impôt de la personne, *la proportion injuste* serait celle qui suivrait la proportion des biens....

La taxe était juste : si elle ne suivait pas la proportion des biens, *elle suivait la proportion des besoins*....

On jugea que l'utile devait être taxé, *mais moins que le superflu ;* et que la grandeur de la taxe empêchait le superflu....

NECKER. Le clergé de France a adopté une forme de répartition *conforme aux principes d'équité*, en partageant ses contribuables en huit classes....

Le vice des corvées consiste en ce que la charge est égale pour le pauvre et le riche....

Le nivellement des fortunes n'est pas au pouvoir du gouvernement : mais en répartissant mieux les impôts, il *s'oppose* par des moyens justes, à leur inégalité.

Les taxes sur les objets de luxe sont très sages, puisque c'est un moyen de *diminuer l'effet de l'inégalité des fortunes*.

SMITH. C'est une chose raisonnable que les

riches contribuent, *plus qu'en proportion de leur fortune.*

Les sujets doivent contribuer en proportion de leurs facultés respectives, c'est-à-dire, *du revenu net dont ils jouissent*....

Dans la capitation de France les classes sont taxées suivant leur rang, ou d'après leur fortune.

SISMONDI. La plus grande partie des dépenses sociales, étant destinée à défendre le riche contre le pauvre, il est juste que *le riche contribue par-delà la proportion de sa fortune*.....

Il est équitable de prendre plutôt sur le superflu du riche, que sur le nécessaire du pauvre.....

Chez les Romains, le mot *prolétaires* signifiait *qu'ils n'étaient appelés qu'à avoir des enfans.*

BEAUMONT. On paierait ainsi sur 5000 livres de vingtièmes, jusqu'à trois livres par livre, pour la capitation ;

Sur 1,000 livres, 20 sous de capitation par livre;

Sur 500 livres, 15 sous par livre;

Sur 100 livres, 8 sous par livre ;

Au-dessous de 20 *livres de vingtièmes, on ne paierait rien.*

MODE DES TRIBUTS.

MONTESQUIEU. Les particuliers cherchent à ravir tous les avantages de la société ; ce qui fait entre eux, *un état de guerre*....

S'il n'y a pas de rapport entre le prix et le droit,

le prince ôte l'illusion à ses sujets; *ce qui leur fait sentir leur servitude au dernier point*...

L'esprit de commerce désunit les particuliers: sous son empire, on trafique de toutes les actions humaines.....

Necker. C'est l'état des contribuables; après l'acquit des contributions, qui doit fixer les regards.....

En Angleterre, les taxes payées par le peuple, sont infiniment moins considérables qu'en France :

La classe inférieure *reçoit impérieusement la loi*, et est forcée de se contenter d'un salaire modique.

L'*idée d'adoucir la rigueur des anciennes conventions*, doit être présente à l'esprit dans la distribution des impôts....

J'ai ailleurs invité à convertir les droits d'aide et de gabelle en un impôt territorial. ...

Je ne perds pas de vue *la conversion de la gabelle en un autre impôt*.....

L'ignorance et l'imprévoyance des propriétaires est le principal obstacle à l'augmentation de l'impôt foncier. -

Smith. Les nécessités de la vie occasionent les plus grandes dépenses des pauvres.....

Lorsqu'une taxe empêche certains emplois, elle réduit ou détruit les moyens de subsistance.

Les taxes de capitation, ou sur les nécessités, sur les salaires, en cessant d'être arbitraires, *deviennent extrêmement inégales*.....

Les taxes sur les transactions, si elles ne sont

pas proportionnées à la valeur des biens, *sont extrêmement inégales....*

En France, *l'intérêt privé s'oppose seul*, à ce qu'on abolisse la taille et la capitation, en augmentant le nombre des vingtièmes.

Sismondi. C'est tout au plus, *sur le dixième de sa dépense*, que le riche paie quelques droits de consommation....

Ces droits s'élèvent de plus en plus, en proportion des moyens, *d'autant que les classes sont indigentes.....*

La gabelle, *ce prétendu impôt de consommation*, n'est qu'une sorte de capitation : le plus pauvre prend sur son nécessaire pour l'acquitter.

La contribution foncière fait participer le fisc au revenu du seul propriétaire : et elle n'affecte en général que ce revenu.

Mallet. Les droits sur les denrées frappent surtout le peuple qui en fait le plus d'usage.....

A l'origine de l'impôt du sel, il ne semblait pas ôter aux hommes, *la matière nécessaire à leur subsistance, et à l'engrais des bestiaux, des terres.*

Le peuple ayant peu d'intérêt au paiement des rentes, *c'est aux propriétaires à venir au secours de la libération de l'Etat*, dont ils profiteront seuls.

Nota. L'écrit *du Subside* indique le volume et la page de ces citations.

Imprimerie d'A. PIHAN DE LA FOREST,
rue des Noyers, n° 37.

www.ingramcontent.com/pod-product-compliance
Ingram Content Group UK Ltd.
Pitfield, Milton Keynes, MK11 3LW, UK
UKHW021034220726
13924UKWH00001B/316